DR. NILO MITSURU IZUKAWA

GUIA DA SAÚDE TOTAL | **1**

Tratando
VARIZES
e dores nas pernas

- Sintomas
- Cuidados
- Tratamento
- Hábitos Saudáveis

CB046234

Editora
ALAÚDE

Dados Internacionais de Catalogação na Publicação (CIP)
(Câmara Brasileira do Livro, SP, Brasil)

Izukawa, Nilo Mitsuru
  Tratando varizes e dores nas pernas : sintomas, cuidados, tratamento, hábitos saudáveis / Nilo Mitsuru Izukawa. — São Paulo : Alaúde Editorial, 2005. — (Guia da saúde total ; 1)

  ISBN 85-98497-25-8

  1. Dor 2. Pernas 3. Saúde – Promoção 4. Varizes – Diagnóstico 5. Varizes – Prevenção 6. Varizes – Tratamento I. Título. II. Série.

05-4859   CDD-616.143
                                           NLM-WG 620

Índices para catálogo sistemático:
1. Varizes e dores nas pernas : Diagnóstico e tratamento : Medicina 616.143

Coordenação Editorial
Antonio Cestaro

Pesquisa e Redação
Stella Galvão

Revisão
Joana M. M. Garcia

Capa e Editoração Eletrônica
Walter Cesar Godoy

Nenhuma parte deste livro pode ser reproduzida ou usada de qualquer forma ou por qualquer meio, eletrônico ou mecânico, inclusive fotocópias, gravações ou sistemas de armazenagem em banco de dados, sem permissão por escrito da editora.

Alaúde Editorial Ltda.
R. São Paulino, 221 - CEP 04019-040 - São Paulo - SP
Telefax: (11) 5572-9474 / 5579-6757
alaude@alaude.com.br
www.alaude.com.br

VARIZES
e dores nas pernas

Falar de varizes é tratar de um fantasma que assombra especialmente as mulheres, preocupadas com o efeito visível dos vasinhos ora dilatados, outras vezes alongados e até mesmo de traçados tortuosos. A palavra variz, aliás, se origina do latim: varix, que significa serpente. Mas não se trata apenas de estética. Varizes constituem uma doença de grande importância, pela sua alta incidência - segundo as estimativas, 20% a 30% da população adulta mundial, e avançam com o aumento da idade. Significa que milhões de pessoas crescem assistindo as linhas que teimam em espalhar-se por suas pernas. Não se trata apenas de traçados irregulares, visíveis e salientes. Na maioria das vezes, essa presença é determinada pela hereditariedade, ou seja, ter pai ou mãe, ou ambos, com varizes aumenta significativamente a chance de desenvolvê-las. Mas é preciso ter claro que não se trata de uma sentença implacável e fatal; há meios bastante eficazes para retardar o aparecimento, minimizar os seus sintomas e mesmo eliminar o problema, lançando mão de um enorme leque de tratamentos eficazes que estão disponíveis.

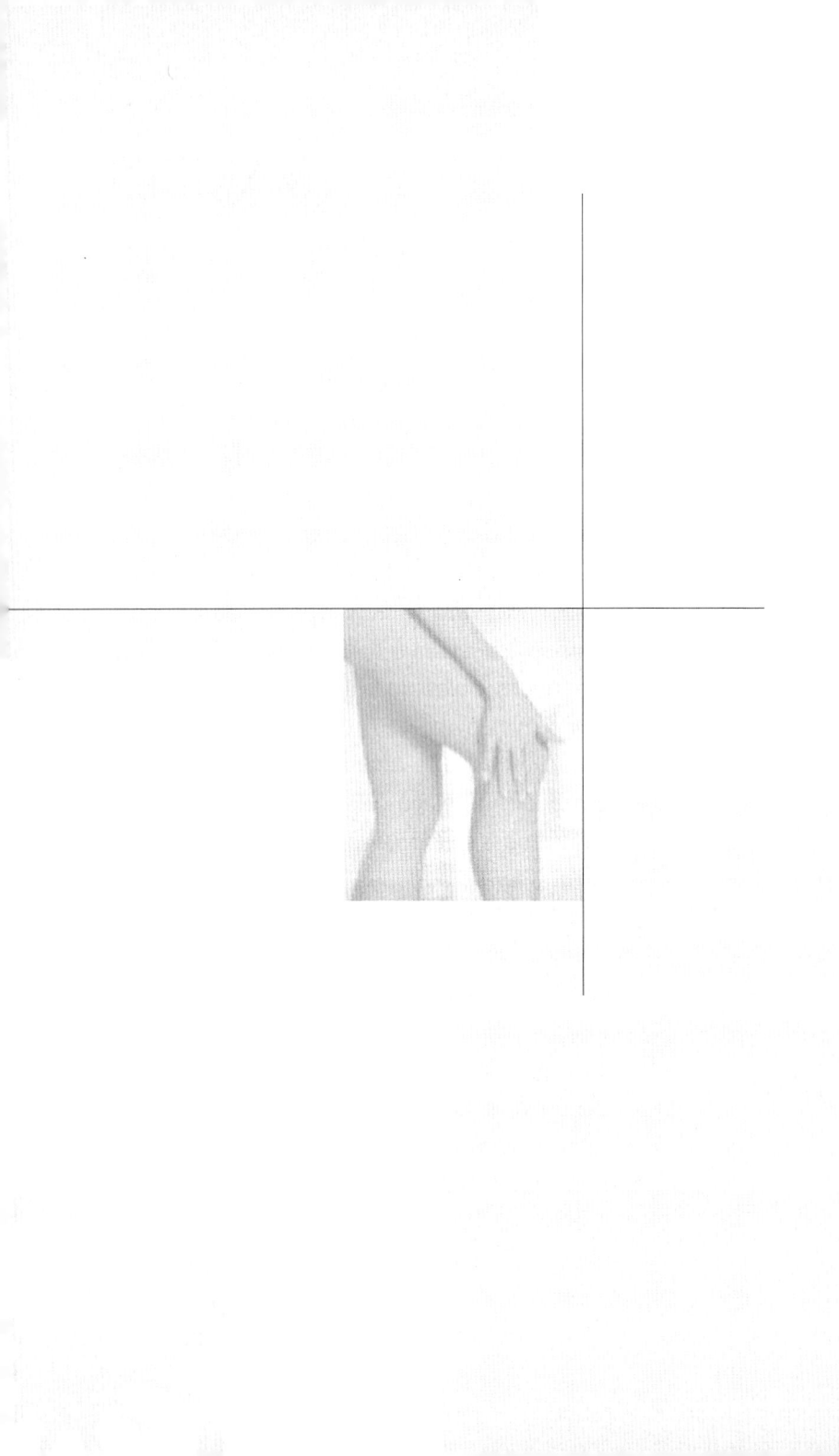

Capítulo 1
O QUE SÃO VARIZES

Varizes são veias dilatadas, alongadas e tortuosas que comprometem a estética e o funcionamento das pernas. Elas podem se manifestar sob a forma de pequenos vasos localizados na camada mais superficial da pele (teleangectasias, popularmente chamadas de "vasos quebrados"), pequenas veias dilatadas superficiais e varizes propriamente ditas.

As dilatações e tortuosidades das veias situadas superficialmente nos membros inferiores são antiestéticas, às vezes dolorosas, e podem complicar originando manchas ou úlceras, hemorragias, erisipelas, eczemas ou flebites.

Aproximadamente 20% da população é portadora de algum grau dessa doença, que pode atingir 60% das pessoas na faixa etária com mais de 60 anos. É mais comum na mulher, na proporção de 3 para cada homem, comprometendo geralmente as duas pernas.

Mais que o incômodo estético, a doença venosa tem uma importância socioeconômica muito grande, na medida em que o agravamento dos problemas que acarreta pode causar incapacitação para as atividades profissionais com conseqüente prejuízo para o doente, seus familiares e o sistema de saúde do país.

SISTEMA CIRCULATÓRIO

Apresentado simplificadamente, o sistema circulatório é composto pelas artérias, veias e vasos linfáticos. É na artéria que circula o sangue com alto teor de oxigênio (sangue arterial) para a nutrição de todo o organismo. O papel das veias é trazer de volta o sangue para ser oxigenado nos pulmões (sangue venoso) e os vasos linfáticos, onde circula a linfa, tem função de drenar o excesso de líquido e auxiliar o sistema de defesa do organismo. O retorno venoso é realizado pelo bombeamento do sangue pelo coração, da compressão das veias da região plantar dos pés e também pela compressão das veias da perna pela musculatura da panturrilha. Nas veias, existem válvulas que orientam o fluxo sangüíneo em uma única direção (das extremidades do corpo para o coração, contribuindo para que o retorno venoso se faça de maneira satisfatória).

Podemos dividir o sistema venoso dos membros inferiores em superficial (veias que estão localizadas entre a musculatura da perna e a pele), profundo (veias localizadas entre a musculatura) e as veias perfurantes (promovem a circulação entre os sistemas superficial e profundo). Resumidamente, o sangue venoso circula do sistema venoso superficial para o profundo e das extremidades para o coração.

As varizes podem ser decorrentes de alterações na composição das paredes das veias, tornando-as mais flácidas e dilatadas, ou por defeitos nas válvulas das veias que promovem uma pressão venosa aumentada pelo refluxo do sangue.

UM SISTEMA QUE SE COMUNICA

Existem dois tipos de veias nos membros inferiores: as veias superficiais que ficam sob a pele, no tecido celular subcutâneo, e que podem ser visíveis; e as veias profundas que ficam no meio da musculatura da perna e não são visíveis. Finalmente, há ainda as veias comunicantes, que ligam as veias superficiais e profundas. As válvulas orientam o sangue nas veias dos membros, sempre da veia superficial para a profunda, através da veia comunicante, e impedem que o sangue faça o caminho inverso, descendo pelas veias, quando a pessoa está de pé ou sentada. As artérias levam o sangue do coração para todo o corpo. Depois de oxigenar e alimentar as células, o sangue retorna para o coração através das veias.

Quando as veias maiores da superfície se dilatam, temos o aparecimento das varizes chamadas de tronculares (grandes varizes). Quando são ramos destas veias que se dilatam, temos as chamadas microvarizes, que são trajetos azulados vistos sob a pele. Quando são as veias da própria pele que se dilatam, temos as teleangectasias (vasinhos). "Trocando em miúdos", significa o seguinte: tele= longe, angio = vaso e ectasia= dilatação, portanto, dilatação do vaso distante.

As veias safenas são as veias superficiais principais, e podem estar envolvidas no processo de aparecimento de varizes. Existem duas em cada perna, a safena magna e a safena parva.

Esse grande sistema de vasos se comunica todo o tempo. Há comunicação entre as varizes, microvarizes e "vasinhos". Tudo ocorre como se fosse uma rede que transmite a pressão do volume de sangue.

AFINAL, COMO ELAS APARECEM?

A pressão aumentada no interior das veias é provocada por problemas nas válvulas que fazem o sangue venoso retornar ao coração, em desafio permanente à lei da gravidade.

Andar sobre as duas pernas, na verdade, criou um sério problema para a circulação: o coração fica bem distante dos pés e das pernas. O sangue desce muito facilmente do coração até as pernas e os pés, através das artérias, mas precisa desenvolver um esforço muito grande para voltar dos pés e pernas até o coração. A tarefa de realizar esse retorno venoso é executada pelas veias, com auxílio das **válvulas venosas**.

São estruturas muito delicadas, porém resistentes. São estas válvulas que vão direcionar o sangue para cima. É um trabalho contínuo, incessante, enquanto dura a vida de uma pessoa.

Normalmente, a válvula se abre para o sangue passar e se fecha para não permitir que o sangue retorne, um mecanismo relativamente simples quando estamos deitados ou com as pernas elevadas.

Há outros dois mecanismos envolvidos no retorno venoso:

Bomba plantar, que bombeia o sangue acumulado nos pés cada vez que pisamos, o que reforça a importância de caminhar.

Bomba muscular da panturrilha, acionada pela contração dos músculos da batata da perna.

Logo, é esse fluxo alterado do sangue que deveria retornar sem maiores dificuldades que leva à dilatação das veias superficiais. O papel das válvulas venosas é justamente impedir o refluxo do sangue, ou seja, garantir que ele siga seu caminho em direção à central de distribuição, no coração. Caso essas pequenas válvulas falhem, o sangue reflui e causa a dilatação das veias, devido ao aumento do volume sangüíneo. As varizes aparecem com mais freqüência nos membros inferiores: pés, pernas e coxas.

Essa alteração é comum por tendência hereditária, um tipo de herança biológica familiar em que algumas pessoas nascem com veias mais fracas e menos resistentes a este trabalho contínuo de promover o retorno venoso. É como se as varizes estivessem expressas nos genes herdados de pai e mãe, ou mesmo de um dos avós ou tio.

CORRENDO CONTRA O TEMPO

A evolução da doença é contínua. Os vasos doentes tendem a ir agravando-se com o acúmulo de situações desfavoráveis. Em algumas pessoas, com o passar do tempo, vários fatores podem determinar ou provocar um mau funcionamento destas válvulas. Com a idade, ou pelos já citados fatores hereditários, as veias podem perder a sua elasticidade. Essas veias começam a apresentar dilatação e as válvulas não se fecham mais de forma eficiente. A partir daí, o sangue passa a ficar com o fluxo lentificado e refluir para as veias mais superficiais. Isto provoca mais dilatação e mais refluxo. Esta dilatação anormal das veias leva à formação das varizes. O mais comum dos fatores é a permanência prolongada na posição sentada ou em pé, mas há outros, boa parte deles relacionados ao estilo de vida sedentário dos dias atuais.

Além do problema relacionado à postura, já sabemos que uma parcela da população nasce com alterações constitucionais nas paredes e válvulas das veias, que podem causar o aparecimento de varizes.

POR QUE PIORA NA GRAVIDEZ?

A gravidez é um dos principais responsáveis pelos quadros de varizes, e a frequência dessa doença é diretamente proporcional ao número de gestações. Estima-se que 10% das mulheres que passaram por uma gestação apresentem manifestação clínica da doença venosa, 20% nas mulheres com duas gestações e assim progressivamente. Alterações hormonais e a compressão do sistema venoso pelo crescimento do útero (principalmente no terceiro trimestre) são as causas do aparecimento de varizes na grávida. Com o final da gestação, o retorno do útero ao seu tamanho normal e a normalização dos níveis fisiológicos hormonais, algumas varizes que apareceram durante a gestação tendem a desaparecer.

OUTROS FATORES DE RISCO

Atividades profissionais que mantenham as pessoas paradas ou sentadas por longos períodos, obesidade, obstirpação intestinal crônica, sedentarismo, alterações hormonais específicas ou induzidas pelo uso de medicamentos, assim como doenças que afetam as veias profundas dos membros inferiores ou seus músculos são motivos suficientes para o surgimento das varizes. Esse risco, porém, sempre será maior naquelas pessoas com histórico familiar de varizes.

Além da gravidez, nas mulheres, outro fator de peso para o surgimento de varizes é o uso de anticoncepcionais orais por longo período. Lembrando que a reunião de dois ou mais fatores contribuem ainda mais para o desenvolvimento de varizes.

Sintomas mais comuns
- Dor
- Sensação de peso ou cansaço
- Desconforto nas pernas

Sintomas ocasionais
- Edema (inchaço localizado)
- Cãibras noturnas
- Queimação
- Coceira

As varizes podem não apresentar sintomas ou simplesmente causar sensação de peso nas pernas depois de muitas horas na posição ereta, por exemplo. As dores aparecem geralmente no período vespertino, associado à longa permanência em pé ou sentado, sendo mais intensa no calor e, nas mulheres, no período pré-menstrual. Inchaço vespertino, assim como os outros sintomas, diminuem ou desaparecem, dependendo do estágio da doença, com o repouso noturno ou descanso com as pernas elevadas.

Alterações físicas
- Presença de varizes
- Presença de teleangectasias (vasos de pequeno calibre, de coloração azul ou vermelha)
- Edema nos pés e pernas
- Manchas escuras nas pernas (dermatite ocre)
- Presença de feridas

O PESO DA ESTÉTICA

A preocupação com as varizes vem da Antiguidade e curiosamente por seu aspecto visual. Data de 1550 a.C a descoberta, perto da acrópole de Atenas, de uma escultura que representava uma perna com grossas e nítidas varizes esculpidas. A característica de apresentarem-se à vista de todos transformou as varizes, nos tempos modernos, em uma das preocupações vitais para as mulheres, ainda que o surgimento delas, em menor ou maior grau, não escolha sexo.

Pode-se atribuir livremente ao advento da mini-saia, na década de 60, uma maior preocupação pela presença de vasinhos e varizes, motivando uma procura maior pelo angiologista, particularmente no Brasil, país tropical e até mesmo por essa característica, pioneiro e inovador em muitas técnicas de tratamento de varizes de membros inferiores. A utilização da escleroterapia ("aplicação") para as teleangectasias ("vasinhos"), o uso de microganchos ("agulhas de crochê"), o uso de microincisões para as cirurgias de varizes e microvarizes, e mesmo a escolha das técnicas a serem utilizadas em cada caso foram desenvolvidas ou aperfeiçoadas aqui e difundidas pelo mundo.

A preocupação da mulher brasileira com o corpo e, por conseqüência, com algum desconforto estético, a exposição das pernas determinada pelo

Escultura encontrada em Atenas, dedicada ao Dr. Amynos. Século IV A.C.

clima quente, o temor de comparecer a praias e piscinas com as pernas recheadas de vazinhos salientes e visíveis determinou a supervalorização da doença venosa com grande viés estético.

É SIMPLES, MAS PODE COMPLICAR

Um certo número de doentes pode permanecer sem sintomas por longo período de vida e as varicosidades aparecerem apenas como manifestação antiestética. Quando sintomáticas, causam sensação de peso e cansaço mais acentuados nos finais dos dias, nas menstruações ou gravidez, no verão, e quando muito tempo em pé ou sentado. Esta queixa reduz com o andar e pode desaparecer totalmente com o paciente deitado. Algumas vezes, existe queimação nos trajetos varicosos. A hemorragia expontânea ou traumática é uma complicação rara mais temida, embora possa ser cuidada com facilidade, bastando para isso deitar com as pernas elevadas e comprimir o local com curativos ou enfaixamento. A mancha e a fibrose da pele são alterações irreversíveis e a úlcera, que pode se iniciar de forma expontânea ou por traumatismo, sempre aparece dentro de uma área manchada e com fibrose. Uma ferida traumática ou infecciosa em área de pele normal não é uma úlcera varicosa.

As varizes podem ser classificadas quanto à gravidade em leves ou graves. As varizes leves são as que não expõem os seus portadores ao risco de complicações e são as de interesse estético, portanto chamadas muito apropriadamente de "varizes estéticas". As varizes graves são as que podem provocar sérias complicações como tromboflebite, edemas, eczema, úlceras (feridas) e hemorragia.

No estágio mais avançado da doença venosa, os sinais e sintomas são exuberantes. Podem aparecer o edema - que é um inchaço bastante pronunciado de cada um dos membros comprometidos -, inflamação e endurecimento do tecido subcutâneo, dor constante e até feridas na pele.

POR QUE ANDAR É PRECISO?

Quando a pessoa está em pé ou sentada, o sangue vai para o pé com facilidade porque o coração impulsiona e, além disso, como sabemos, "para baixo todo santo ajuda". O problema é justamente como retornar, subindo, vencendo a pressão no sentido contrário. Quando se está em pé parado ou sentado, existe mesmo uma certa dificuldade para o sangue voltar para o coração. Nas pessoas cujas veias têm válvulas e paredes normais o sangue aguarda a oportunidade de voltar, sem causar nenhuma alteração. Nas pessoas cujas válvulas apresentam problemas, acontece, então, uma inversão no caminho do sangue (refluxo), que passa a ir de cima para baixo e da veia profunda para a superficial. Este fato provoca um aumento do volume sangüíneo dentro da veia superficial, ocorrendo o processo de dilatação e aparecimento das varizes.

É necessário que esse processo de retorno seja auxiliado. Como? Através do "coração periférico" que existe, na verdade; e a musculatura da panturrilha ("batata da perna"). Estando em movimento fazemos funcionar o "coração periférico", que impulsiona o sangue para cima evitando o aparecimento de varizes, e quando estamos deitados o coração fica no mesmo nível da perna, o que facilita o retorno do sangue. Se estivermos com os pés elevados, o retorno sangüíneo, então, é muito mais favorecido. Mas aquele "coração" localizado no membro inferior só funciona quando nos movimentamos, contraindo e relaxando o músculo da perna. Quando os músculos se contraem, impulsionam o sangue para cima, realizando a circulação e completando o círculo vital para a saúde.

Capítulo 2
TRATANDO AS VARIZES

REMOÇÃO E REDUÇÃO DE VASOS

Uma boa notícia é saber que há um leque variado de alternativas para tratar com eficácia as varizes, independente até da gravidade dos vasos doentes, desde aqueles mais superficiais, discretos ou já visíveis à curta distância ou ainda muito saltados. A escleroterapia, a microcirurgia com anestesia local, a cirurgia radical de varizes e o tratamento contínuo são os recursos hoje consagrados para o tratamento das varizes dos membros inferiores, ainda que venham surgindo novas alternativas.

A especialidade médica que trata varizes é a dos cirurgiões vasculares, profissionais que se especializaram no diagnóstico e tratamento do que se passa de irregular na circulação chamada periférica, ou seja, toda a circulação extracardíaca e extracerebral. Na realidade brasileira, são os cirurgiões vasculares os médicos consultados em caso de queixa de varizes, e são eles, também, que as tratam.

Falando do tratamento, tudo começa com o desconforto repetido nas pernas. Como a sensação de cansaço e dor pode ou não vir acompanhada dos vasos doentes, as duas situações, isoladamente ou não, levam as pessoas ao cirurgião vascular. Claro, o objetivo do tratamento das varizes é proporcionar uma melhor qualidade de vida através do alívio dos sintomas e prevenção das complicações, além da satisfação estética que está na motivação de muitos tratamentos. Há pacientes que podem sofrer até mais com a exposição pública das varizes que com os sintomas e desconfortos que elas provocam após um dia de muita atividade.

Devido à grande variação dos quadros, cada paciente deve ser tratado de acordo com a complexidade da sua doença. Naqueles com indicação de tratamento cirúrgico, na grande maioria das vezes também ocorre necessidade de complementação do tratamento com escleroterapia porque sempre coexistem varizes de grande e pequeno calibre.

Nos casos em que não está indicado o tratamento cirúrgico ou o paciente não queira ser submetido à cirurgia, o tratamento será clínico. É preciso lembrar também que as varizes são uma doença crônica, de caráter evolutivo, sujeitas a recidivas, sejam quais forem os métodos de tratamento empregados, mesmo quando executados por profissionais experientes. E, em conseqüência disso, há necessidade de controles periódicos do paciente.

IDENTIFICANDO A EXTENSÃO DO DANO

O diagnóstico de varizes é relativamente fácil na medida em que pode ser feito pela simples inspeção visual. O médico poderá, através do exame físico e de algumas manobras, verificar quais as veias que estão comprometidas e se as suas safenas apresentam refluxo (retorno insuficiente do sangue).

O mapeamento de todos os segmentos varicosos pode ser feito também com a ajuda da ultra-sonografia venosa realizada com o Doppler (Duplex). O Duplex pode também auxiliar na busca de trombos venosos e de alterações no fluxo do sangue venoso. Outro exame, a pletismografia, pode auxiliar no estudo do grau de insuficiência do sistema venoso.

OS CINCO OBJETIVOS PRINCIPAIS DO TRATAMENTO

- Obter um aspecto estético satisfatório
- Atenuar os sintomas
- Tratar as complicações
- Evitar as complicações
- Evitar as recidivas

O aspecto estético ideal pode ser conseguido quando todas as varizes são retiradas, com sinais pouco visíveis dessa remoção e, ao mesmo tempo, quando as recidivas (retorno das varizes) são evitadas. Mas, na prática, este ideal ainda não foi alcançado, apesar de haver alguns estudos descrevendo índices de recidivas significativamente baixos em cinco e dez anos após o tratamento cirúrgico. Segundo a literatura médica da especialidade, as taxas de recidivas podem variar de 7 a 70%, dependendo do tipo de tratamento realizado, do sucesso da intervenção e dos cuidados preventivos que o paciente adotar no dia-a-dia. A taxa média de recidiva em cinco anos, segundo vários estudos realizados com populações diferentes, é de 25%, aumentando para pelo menos 50% após 10 anos de pós-cirúrgico.

UNINDO O ÚTIL AO AGRADÁVEL

Tratar as varizes corresponde a "unir o útil ao agradável". Agradável porque melhora a aparência e a auto-estima, e útil porque significa controlar uma doença que pode causar complicações no futuro. Em resumo, a decisão de se submeter a um tratamento estético é do próprio paciente, que considera os seus aspectos pessoais; mas a decisão de tratar as varizes graves é uma orientação médica, que considera as possíveis complicações e riscos ao paciente.

Podemos chamar simplificadamente os tratamentos de preventivos e curativos. O tratamento preventivo seria o que diminui o aparecimento de novas varizes, e o curativo o que elimina as varizes já existentes.

No futuro, se aparecerem microvarizes, é realizada uma microcirurgia e, se aparecerem varizes graves, geralmente após uma gestação, se realiza a cirurgia radical. Durante as gestações deve-se comparecer ao consultório do especialista em varizes para receber orientações sobre como diminuir a evolução da doença venosa.

PREVENIR ANTES DE CURAR

As medidas curativas são associadas às medidas preventivas. As varizes, por se vincularem à tendência hereditária, entram na categoria de um problema crônico de saúde, ou seja, tende a manifestar-se ao longo de toda a vida. O tratamento continuado das varizes pretende o controle da doença e dos seus aspectos estéticos. Desse modo, pessoas com tendência a desenvolver varizes não chegarão a apresentar manifestações mais sérias da doença, com os seus inconvenientes para a saúde e a aparência, além do risco adicional de complicações. Mas para que se consiga os resultados é preciso ser consciente de que o tratamento deve ser feito de forma contínua e regular. O paciente deve aplicar sempre as medidas preventivas e visitar regularmente o cirurgião vascular, que avaliará o quadro e proporá tratamento, quando necessário.

Além das medidas gerais aqui descritas, dependendo do grau de evolução e da deterioração da qualidade de vida (estética ou funcional) dos pacientes, podem ser indicados os tratamentos através da elastocompressão (meia elástica), utilização de medicação venoativos (flebotópicos), escleroterapia e o tratamento cirúrgico das varizes.

MEIA ELÁSTICA ALIVIA SINTOMAS

A utilização da meia elástica no tratamento das varizes apresenta bom resultado, quando corretamente empregada. Ela promove alívio dos sintomas, diminuição do edema (inchaço) e pode reduzir a velocidade de evolução da doença (através da diminuição da pressão venosa nas veias superficiais). As meias elásticas podem ser as de suave, média, alta ou extra-alta compressão. A utilização de cada uma delas variará conforme a gravidade da doença.

O SUPORTE DOS MEDICAMENTOS

Os flebotônicos atuam reforçando o tônus da parede venosa, favorecendo a microcirculação e obtendo também efeito antiinflamatório. Eles permitem reduzir o desconforto de alguns sintomas, como a sensação de cansaço nas pernas, dor e melhora do edema. Devem ser utilizados em conjunto com a meia elástica para um melhor resultado terapêutico. É importante que sejam prescritos pelo angiologista.

TRATAMENTOS

Escleroterapia química e térmica

Há duas modalidades principais. Mais tradicional, a escleroterapia química consiste em injetar substância irritante no interior das veias, que promove a oclusão das veias dilatadas, com ótimos resultados na grande maioria dos casos. A escleroterapia pode ser realizada também por meio de agentes térmicos (eletrocoagulação ou fotodermólise com laser). A escleroterapia a laser promove a oclusão da veia dilatada pela incidência do raio laser sobre o trajeto venoso.

As teleangectasias representam vasinhos fininhos e antiestéticos que aparecem isolados ou em grupos localizados ou disseminados pelos membros inferiores. O tratamento dos vasinhos através da escleroterapia tem objetivo principalmente estético, apesar da melhoria rápida dos sintomas. Este tratamento não tem resultado definitivo por não tratar a causa da doença - o objetivo é esclerosar (eliminar) os pequenos vasos dilatados que estão visíveis.

Para a escleroterapia química podem ser empregadas várias substâncias esclerosantes como glicose hipertônica (50% ou 75%), morruato de sódio, oleato de etanolamina, sulfato de tetradecil sódico e o polidecanol. A ação de algumas drogas esclerosantes pode ser potencializada através de sua emulsificação (polidecanol), popularmente chamada de técnica da "espuminha", ou através do resfriamento da solução esclerosante, a crioescleroterapia. Pouco dolorosos, algumas vezes são responsáveis por sensação de ardor ou queimação. São tratados através de injeções de substâncias esclerosantes que produzem sua inflamação e atrofia.

As microvarizes são dilatações e tortuosidades de ramos menores das veias superficiais, antiestéticas e pouco sintomáticas como as teleangectasias, mas que são tratadas cirurgicamente.

Não há período do ano mais ou menos indicado para a realização da escleroterapia. Aconselha-se a não tomar sol nos dias posteriores às sessões, o que termina concentrando as aplicações durante o inverno nos estados brasileiros onde há neblina e algum frio.Também não há necessidade de repouso ou interrupção das atividades rotineiras.

Tratamento Cirúrgico

O tratamento específico das varizes depende, principalmente, da veia a ser tratada. Aqueles cordões varicosos, salientes e visíveis que elevam a pele, e aquelas pequenas veias de trajeto tortuoso ou retilíneo são de tratamento cirúrgico. As veias que são retiradas, por estarem doentes, não colaboram para a circulação; ao contrário, sua retirada causa melhoria na drenagem venosa dos membros inferiores, por serem retiradas veias com refluxo sangüíneo que causam aumento da pressão venosa. Com isso proporciona-se alívio dos sintomas e prevenção das complicações da evolução da doença.

O cirurgião faz diversas incisões, retira as veias afetadas e protege a(s) perna(s) com bandagens. O procedimento cirúrgico é rápido, o tempo de hospitalização é curto (em média 24 horas) e a recuperação em casa pode durar algumas semanas (média de 15 dias).

O tratamento cirúrgico pode ser realizado com ou sem a retirada da veia safena, conduta que é definida de acordo com o grau da doença e auxílio do Doppler (exame de mapeamento das veias). As veias menores são retiradas por pequenos orifícios na pele com a ajuda de pequenos ganchos semelhante à agulha utilizada para fazer "crochê" - dessa forma a lesão na pele é mínima e sem necessidade de pontos.

O tratamento cirúrgico das varizes dos membros inferiores consiste na retirada das varizes superficiais e dos pontos de refluxo do sistema venoso profundo para o sistema venoso superficial (que pode ser feita através da retirada das veias safenas internas e externas insuficientes e da ligadura das veias perfurantes defeituosas). Após a cirurgia, pode ocorrer lesão do nervo safeno com parestesia (diminuição da sensibilidade) na face interna da perna e varizes recidivadas.

A veia safena interna é a veia superficial mais longa do nosso corpo, indo desde a parte interna do tornozelo até a virilha. Pelas suas características, a veia safena é muito utilizada para substituir artérias obstruídas em várias regiões do nosso corpo, principalmente as artérias coronárias (no coração) e artérias da própria perna.

Por esta razão a preservação da veia safena tornou-se muito importante e, assim, ela só deverá ser retirada quando absolutamente necessário - algumas cirurgias de varizes podem ser realizadas sem a retirada das veias safenas.

Há uma outra veia safena de tamanho menor, chamada de safena externa, que se localiza na parte detrás da perna, mais precisamente sobre a panturrilha, devendo também ser retirada na cirurgia se apresentar refluxo importante.

O tratamento das veias dilatadas e insuficientes pode, atualmente, ser realizado com outros métodos que não a retirada cirúrgica clássica. A utilização de esclerosantes químicos ou físicos (através do laser) vem sendo feita com sucesso em alguns casos selecionados. Apresentam como vantagens tempo menor de recuperação para as atividades do dia-a-dia e menor chance de lesões do nervo safeno (na escleroterapia química).

Pelo pouco tempo de emprego dessas técnicas, ainda não estão bem estabelecidos os índices de recidiva da doença (recanalização das veias), e também os reais índices de complicações, como hiperpigmentação (manchas) da pele e trombose venosa profunda.

Leque de opções

As varizes são tratadas cirurgicamente e o procedimento baseia-se basicamente na retirada dos segmentos doentes com ligadura das suas porções distais e dos pontos de refluxo sangüíneo. As veias safenas só são retiradas quando varicosas. Quando possível, essa operação é realizada com incisões em vários pontos da perna, que são fechadas sem suturas e com bom resultado estético, sob a forma de cicatrizes discretas.

Existem terapêuticas auxiliares a serem aplicadas aos doentes que não querem ou não podem submeter-se à operação e para aqueles que apresentam complicações. As meias elásticas, como já foi dito, aliviam o peso e cansaço, e ainda protegem os membros, sendo encontradas em diferentes tamanhos e graus de compressibilidade. Os curativos compressivos com enfaixamento elásticos ou inelásticos são aplicados nos portadores de úlceras varicosas quando não existe infecção. As infecções dessas lesões e as erisipelas (infecção de pele causada por bactérias) são medicadas com antibióticos específicos e os eczemas (causados por hipertensão venosa por um longo período) com corticóides tópicos - quando houver coceira muito intensa -, antialérgicos ou, ocasionalmente, com corticóides injetáveis. Para as flebites superficiais são utilizados antiinflamatórios e, às vezes, até mesmo anticoagulantes.

Evitando complicações

As cirurgias de varizes devem ser realizadas no centro cirúrgico para garantia de uso de todas as técnicas de limpeza e de esterilização dos materiais cirúrgicos. Podem ser feitas sob anestesia local, nos procedimentos menores, e com bloqueio espinhal nas cirurgias maiores. O tempo de internação normalmente não excede 24 horas.

As complicações principais das varizes são alterações cutâneas, úlcera, hemorragia e tromboflebite superficial. Quando houver evidência clara de que o paciente tem insuficiência das veias comunicantes, o tratamento deve atenuar os sintomas e fazer regredir parcialmente as alterações cutâneas.

Em qualquer situação clínica, porém, importam mesmo a habilidade e o treinamento do cirurgião vascular para diminuir significativamente o risco de complicações. Se o paciente colaborar, tudo flui melhor.

Capítulo 3
COMO PREVENIR O APARECIMENTO DAS VARIZES

Uma vez varicoso, para sempre cuidadoso.
Este não é um slogan usado pelo cirurgião vascular, mas poderia ser. Varizes primárias apresentam uma evolução contínua, podendo ser acelerada com a presença do que os médicos chamam de fatores desencadeantes, ou seja, que ajudam a causar o problema.

Os grandes grupos são os posturais (de pé ou sentado muito tempo), o peso adicional da gravidez sobre as pernas e as veias abdominais, o uso de medicamentos à base de hormônios (podem afetar a parede dos vasos e a circulação sangüínea), o sedentarismo, atividades profissionais que forçam uma mesma posição durante muito tempo e a prática de esportes que implicam sobrecarga sobre os membros inferiores. Portanto, a prevenção está relacionada a mudanças sugeridas pelo médico, que identifica o peso do fator de risco e orienta claramente o paciente sobre a melhor conduta a ser adotada.

Um ponto comum é a prática regular de exercícios físicos, a adoção de uma alimentação equilibrada, sem excessos, regra que vale também para bebidas alcoólicas e fumo. Uma vida saudável é primordial para impedir ou adiar o aparecimento das varizes. Andar é o melhor exercício para a circulação. Mas não andar de qualquer modo, displicentemente. Ande pausadamente e de forma regular. Mesmo alguns quarteirões por dia já são suficientes.

ESTILO DE VIDA X VARIZES

É comum o desenvolvimento de varizes em decorrência do estilo de vida atual, com muita correria e estresse, horas na mesma posição no carro ou em transporte coletivo, que se somam à má alimentação, falta de atividade física e de tempo para relaxar o corpo, incluindo os membros inferiores.

Para combater com alguma eficácia o surgimento das varizes e seus sintomas, há dois grupos de medidas a adotar.

O primeiro deles, como se verá a seguir, sugere mudanças no estilo de vida da pessoa, o que envolve um esforço maior e traz repercussões favoráveis não apenas para a prevenção das varizes, mas para uma série de outras doenças como diabetes e males cardíacos.

O segundo grupo é mais específico para combater o aparecimento das varizes, com medidas práticas e simples que podem prevenir os sintomas desagradáveis que acompanham o aparecimento das varizes como dor, formigamento e sensação de peso nas pernas. Neste grupo, beneficiam-se todos aqueles que convivem com a doença em alguma etapa da vida, seja por hereditariedade, faixa etária (é mais comum o agravamento após os 40 anos de idade em decorrência das perdas funcionais progressivas), grávidas e os que atuam em profissões que exigem muito tempo numa mesma posição.

Como medidas gerais, as pessoas com predisposição genética para varizes e os portadores dela devem:

- Controlar o aumento de peso - a sobrecarga na circulação sangüínea favorece o aparecimento de varizes.
- Evitar permanecer em pé ou sentado por muito tempo.
- Praticar caminhadas e esportes como natação, hidroginástica e ciclismo melhoram o retorno venoso e alguns sintomas das varizes.
- Comer alimentos com fibras (para evitar a síndrome do intestino preso).
- Beber muita água - a ingestão de líquidos melhora a circulação sangüínea e previne a Trombose Venosa Profunda.
- Evitar expor-se ao sol demoradamente e tomar banhos muito quentes e demorados porque calor estimula maior circulação sangüínea pela superfície da pele, facilitando o aparecimento de vasinhos.

PERNAS EM MOVIMENTO

- Evite manter as pernas cruzadas durante muito tempo quando estiver sentado.
- Não fique em pé por muito tempo. Apóie o corpo em uma das pernas, alternando-as de tempos em tempos. Sacudir os pés também ajuda.
- Use meia calça ou meia ¾, que fique abaixo do joelho, com compressão adequada à sua condição e indicada pelo médico.
- Lembre-se sempre de movimentar as pernas mesmo quando sentado ou deitado.
- Sentado ou deitado, faça com os pés movimentos circulares ao redor dos tornozelos, em sentido horário e posteriormente anti-horário.

- Estique as pernas e flexione os pés direcionando suas pontas para cima e para baixo, em movimentos alternados.
- Ainda sentado, levante os pés, estenda as pernas e dobre-as na altura dos joelhos, em movimentos alternados.
- Levante-se e ande a cada 30-40 minutos, quando tiver de ficar sentado o dia todo ou em viagens de avião. Em viagens longas de carro, pare a cada 40 minutos para pequenas caminhadas.
- Outra opção é movimentar os pés como se estivesse acelerando um carro. Este movimento do tornozelo, chamado de dorso-flexão, faz a musculatura da panturrilha contrair-se ritmicamente, colocando em ação o "coração periférico", o que faz a circulação funcionar melhor.
- Repouse com pernas elevadas sempre que tiver oportunidade e tempo.
- Dormir com os pés da cama elevados (10 a 30 cm) alivia os sintomas.

INFORMAÇÕES ÚTEIS

Meias elásticas

As meias podem ser um bom aliado, desde que indicadas pelo angiologista depois de uma avaliação clínica que considere as circunstâncias de vida, atividade profissional e condição vascular do paciente. Elas agem desviando, através das veias comunicantes, o sangue das veias superficiais - onde as varizes se formam - para as veias profundas. Os resultados em termos de compressão serão tanto melhores se as meias forem colocadas ao acordar, quando a circulação está estabilizada após a posição de dormir.

Drenagem linfática

O sistema linfático e o sistema vascular superficial são muito sensíveis. Por isso, a drenagem linfática deve ser feita por uma especialista, em ritmo suave e respeitando os fluxos sangüíneos e linfáticos. Se a drenagem linfática for agressiva, a massagem pode estourar vasos linfáticos e sangüíneos, causando hematomas e/ou edemas, que podem evoluir para edemas crônicos e varizes.

Gravidez

As grávidas podem apresentar sintomas típicos de varizes, como formigamento, cãimbras, sensação de peso nas pernas, hematomas e vasos que surgem em conseqüência das mudanças hormonais. Geralmente, as varizes somem 60 a 90 dias após o parto. Aproximadamente 50% das pacientes que tiveram varizes na gestação permanecerão com elas. Por isso é indicado o acompanhamento por parte de um cirurgião vascular ou angiologista desde o início da gestação.

Terceira idade

Nessa fase os tecidos vão perdendo a elasticidade e as veias ficam vulneráveis. Nos idosos que apresentam varizes é comum o surgimento, na parte inferior das pernas, de manchas escuras produzidas pelo aumento crônico da pressão venosa nas pernas. A importância do tratamento das varizes nesta faixa etária aumenta porque há risco de desenvolvimento de lesões e úlceras, que podem agravar ainda mais o quadro de varizes.

Retorno

As varizes retiradas ou secadas não voltam, mas surgem outras que devem ser tratadas. Uma veia que estava normal no momento de um tratamento, mais tarde poderá estar doente porque a tendência hereditária permanecerá durante toda a vida. Este fato não invalida os tratamentos porque se as varizes não forem cuidadas poderão levar a sérias complicações no futuro.

Cura

As varizes dos membros inferiores constituem uma doença crônica dependente de fatores hereditários e agravantes. No entanto, é perfeitamente controlável do ponto de vista de problema de saúde ou estético. A medicina dispõe de técnicas modernas e simples que controlam o problema com ótimos resultados funcionais e estéticos.

Capítulo 4

APRENDA A EXERCITAR-SE

O estilo de vida sedentário é um importante fator de insuficiência venosa, enquanto movimentar-se tem efeitos benéficos para o sistema venoso profundo e superficial, além de aliviar muitos sintomas dos portadores de varizes. Trata-se de uma maneira fácil e econômica de prevenir varizes e diminuir seus efeitos desagradáveis. A panturrilha é a musculatura mais beneficiada nesse processo. Localizada na porção posterior das pernas, ela é particularmente exigida durante atividades físicas constantes, que exigem movimentos alternados das pernas, categoria em que se incluem caminhadas e ginásticas localizadas e esportes como a natação, ciclismo e hidroginástica.

Andar deve ser uma prática constante ao longo do dia - a caminho do trabalho, nas compras, no trabalho (prefira subir escadas a usar o elevador) ou durante o tempo livre. Até o tempo de permanência em filas podem ser usadas para trabalhar a panturrilha (veja, na seqüência seguinte, o exercício nº 7 - é possível realizá-lo discretamente, mesmo em locais públicos, com grandes benefícios para o retorno venoso).

Ao caminhar ou realizar exercícios que promovem contração dos músculos da perna, ativam-se mecanismos que favorecem a volta do sangue ao coração, situação não observada nos que se mantém de pé parados ou mesmo sentados com as pernas imóveis.

Veja algumas seqüências de exercícios simples e rápidos que estimulam o retorno venoso e podem ser feitos todos os dias, até mesmo na cama, ao acordar ou à noite.

Posição inicial para os exercícios 1 a 6

Deitada em um colchão, estique as pernas e eleve-as, mantendo a região pélvica um pouco levantada em relação ao tronco. Os braços devem permanecer em repouso ao lado do corpo.

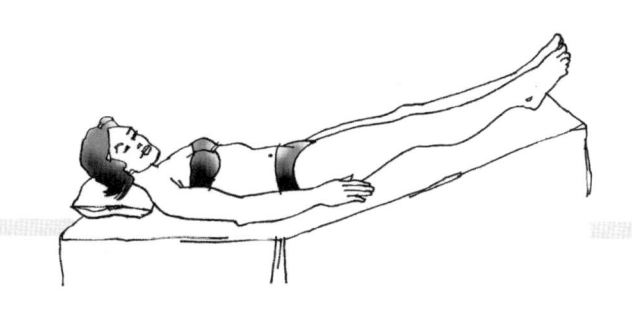

Exercício nº 1

Repita 15 a 20 vezes alternadamente em cada perna:

1. Dobre a coxa sobre o abdômen, trazendo o joelho para cima em direção ao queixo.
2. Estique a perna para cima em direção ao teto.
3-4. Lentamente, traga a perna estendida de volta ao colchão.

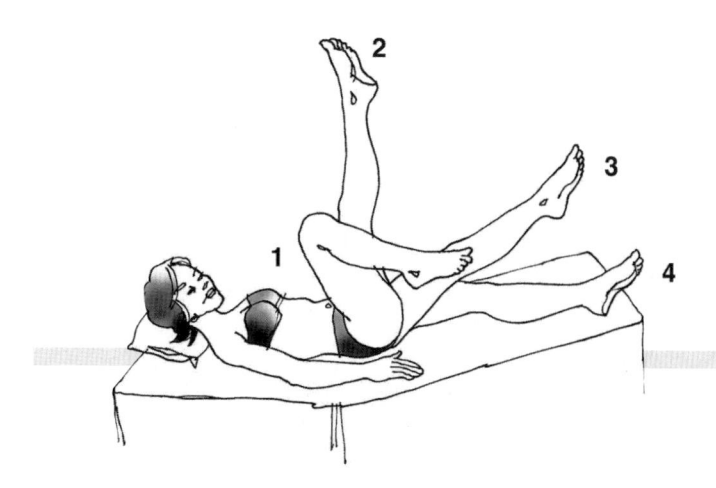

Exercício nº 2

Durante 30 segundos, flexione e estenda os dedos simultaneamente em ambos os pés.

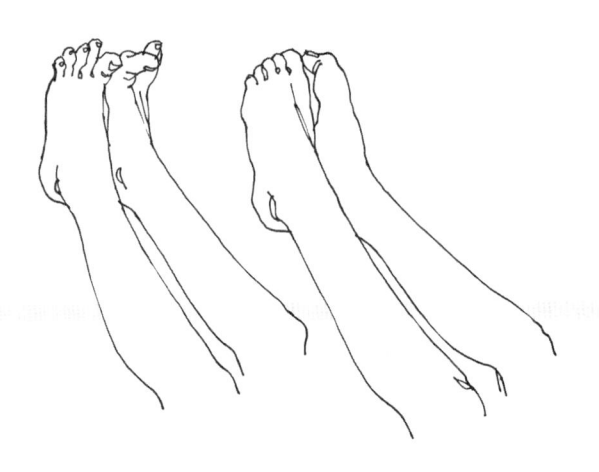

Exercício nº 3

Por 30 segundos, simultaneamente nos dois lados, faça círculos com as pontas dos dedos dos pés, alternadamente para dentro e para fora.

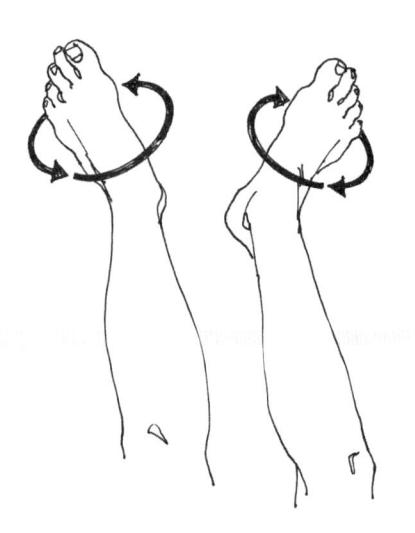

Exercício nº 4

Durante 30 segundos, alterne o movimento de flexionar e estender os tornozelos, simultaneamente nos dois pés.

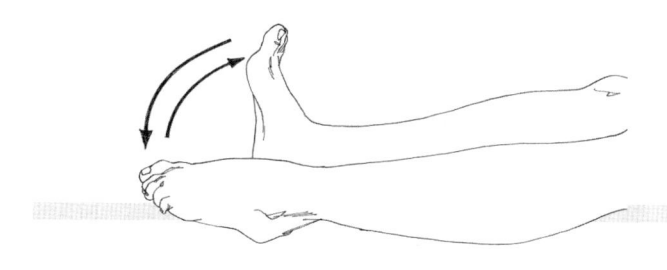

Exercício nº 5

Repita 8 a 10 vezes alternadamente em cada lado:

1. Dobre a coxa sobre o abdômen, eleve o joelho na direção do queixo e segure o pé com as duas mãos.
2. Estique a perna para cima em direção ao teto e deslize as mãos sobre os ossos do tornozelo e joelho, aplicando pressão suave.
3. Estenda a perna para baixo e deslize as mãos sobre a coxa, aplicando pressão suave.
4. Retorne à posição inicial.

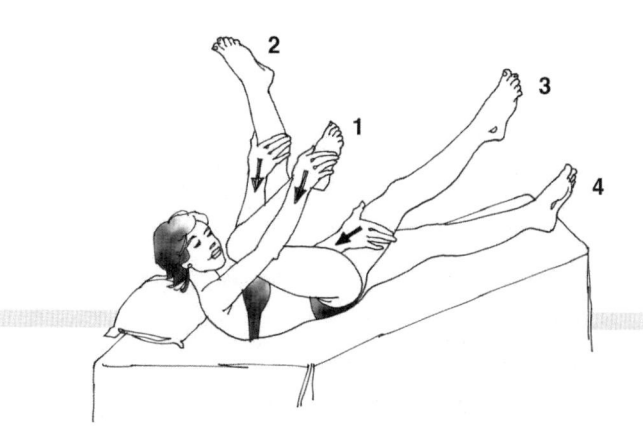

Exercício nº 6

Pés em posição de descanso, separados por um objeto acolchoado (ex.: almofada, toalha felpuda). Repita seis vezes:

1. Pressione lentamente os pés juntos enquanto levanta a pelvis acima do colchão: mantenha a posição por 6 segundos.
2. Relaxe na posição inicial por 6 a 8 segundos.

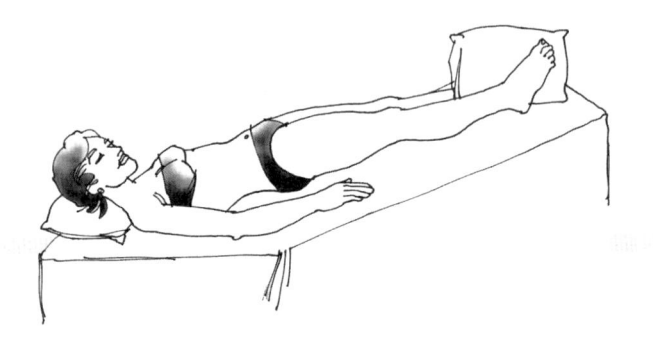

Exercício nº 7

Descalço, numa superfície aderente (ex. carpete), pés confortavelmente colocados um ao lado do outro. Repetir 15 vezes, alternadamente: levante o calcanhar, como se fosse caminhar, cuidando para que os dedos fiquem em contato com o solo. Levante os calcanhares o mais alto que conseguir.

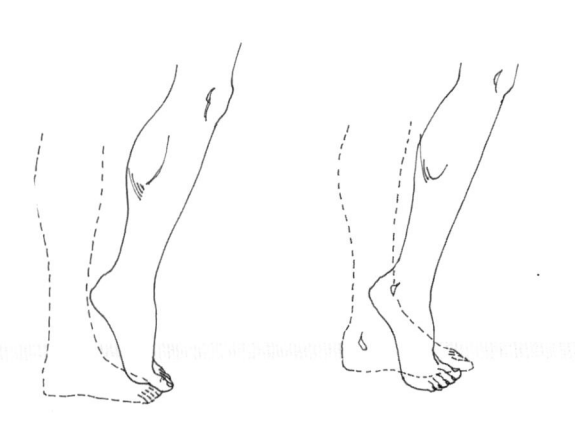

Capítulo 5
HISTÓRIA DAS VARIZES NA MEDICINA

Conheça algumas curiosidades envolvendo os vasinhos salientes ao longo da história da humanidade e do desenvolvimento da medicina.

O primeiro registro venoso

O papiro de Ebers, escrito em 1500 a.C continha, em uma das seções, a descrição de três tipos de caroços e a sugestão de que dois deles poderiam ser tratados cirurgicamente, mas que certas sinuosidades serpentinas não deveriam ser operadas, pois poderiam levar "a cabeça ao chão". As tais sinuosidades foram entendidas como referência a veias varicosas e a posição mencionada, ao risco de retirada cirúrgica causar uma hemorragia fatal.

A primeira escultura

Uma gravura encontrada aos pés da acrópole de Atenas no século IV a.C mostra uma porção de perna volumosa, com uma dilatação serpentina longa com todas as características de uma veia varicosa. A gravura foi encontrada na área do santuário do herói *Doutor Amynos*, na base do lado oeste da acrópole de Atenas. Acredita-se que seja a primeira ilustração conhecida de varizes.

Hipócrates e as veias

O sistema vascular foi citado por diversas vezes nos tratados do chamado "pai da medicina". No *De Carnibus*, Hipócrates afirma que *dois vasos originam-se do coração, um chamado artéria e outro chamado veia*. Ao analisar os ferimentos, observou que um garrote frouxo causa sangramento excessivo, enquanto que um garrote apertado causa gangrena. No *De Ulceribus*, Hipócrates afirma que *no caso de uma úlcera, não é conveniente ficar de pé, principalmente se a úlcera estiver localizada na perna*. Na primeira descrição da história da medicina sobre o método utilizado por Hipócrates para tratar uma mulher obesa com veias varicosas e uma úlcera venosa, lê-se o seguinte:

- Lave a úlcera e puncione-a apenas uma vez, para que não se forme uma grande ferida.
- Se necessário, faça uma incisão na úlcera e comprima-a para retirar o sangue e as secreções.

Considera-se essa a primeira referência aos curativos compressivos para ulceração venosa.

Primórdios da cirurgia vascular

A fundação da Escola de Medicina de Alexandria (270 a.C), no Egito, e as inovações de dois dos seus mais destacados médicos – Herófilos e Erasistratos – representam as primeiras menções à cirurgia vascular. Foram eles os inventores de pinças arteriais e os primeiros a ligar vasos sangüíneos, controlando o sangramento que permitiu a realização da cirurgia. Eles observaram que as válvulas do coração impediam o fluxo retrógrado do sangue. Ao mesmo tempo em que acreditavam que as artérias continham ar, imaginavam que o sangue não circulava pelo corpo.

Úlceras venosas romanas

Considerado o maior médico de Roma durante o Império de Tibério (14-37 a.C), Celso estabeleceu a diferença entre feridas e úlceras e recomendava o uso de emplastros e bandagens de linha para fechar as ulcerações. Foi ele o primeiro a descrever a ligadura das veias que sangravam, o pinçamento duplo e a secção [corte] das veias entre as ligaduras e as veias varicosas tratadas pela avulsão [extirpação, extração] e cauterização.

Alça de extirpação

Claudius Galeno, que viveu entre 130-200 d.C, descreveu o tratamento das úlceras e veias varicosas pela venossecção [incisão, corte]. Ele notou que as paredes das veias sempre eram muito mais finas do que as paredes das artérias, e que as veias continham sangue escuro. Além disso, descreveu o uso das ligaduras de senda e recomendou que as veias varicosas fossem tratadas pela incisão e extirpação com uma alça romba [de diâmetro arredondado].

Ligadura e bandagem

Ambroise Paré até descreveu a ligadura das veias varicosas e da veia safena magna na coxa. Enquanto trabalhava como cirurgião do rei Henri II, em 1553, Paré curou a úlcera de um lorde pela aplicação regular de bandagens. Seu método consistia em "envolver a perna a começar dos pés e terminando no joelho, sem se esquecer de um pequeno reforço sobre a veia varicosa."

A descoberta das válvulas

Hierônimo Fabrício de Aquapendente redescobriu as válvulas em seu trabalho intitulado *De Venarum Ostiolis*, após ter demonstrado sua existência nas dissecações públicas realizadas em 1579. Esse autor observou que as válvulas impediam o fluxo retrógrado [retorno do sangue], mas acreditava que elas participavam do controle do fluxo e refluxo do sangue descrito por Galeno. Fabrício pode ter descrito a relação entre gangrena e trombose venosa em seu livro *Gangraena et Sphacelo*, e não resta dúvida que descreveu a ligadura dupla e a secção entre as ligaduras das veias varicosas no livro *Opera Chirurgica*.

A grande revolução: o sangue circula

Willian Harvey publicou *De Motu Cordis* em 1628, obra que representou uma revolução no entendimento da fisiologia do corpo humano e que se constitui no fundamento para os conhecimentos atuais sobre circulação sangüínea. Foi Harvey quem constatou e relatou a existência das válvulas venosas para assegurar o fluxo do sangue.

Úlceras "varicosas" e uma meia compressiva

Richard Wiseman, cirurgião-sargento de Carlos II, rei da Inglaterra (1630-1685), reafirmou a associação entre veias varicosas e ulceração. Esse médico reconheceu o efeito que a dilatação venosa produzia sobre as válvulas e usou o termo "úlcera varicosa". Além disso, inventou uma meia de couro apertada por cordões para o tratamento da doença venosa dos membros inferiores, que foi a precursora das meias elásticas modernas.

A agulha hipodérmica

Em 1845, Francis Rynd inventou a agulha hipodérmica [antecessora das descartáveis], o que levou ao desenvolvimento da escleroterapia, à determinação das pressões no interior dos vasos e à análise das amostras de sangue.

Repouso e dor

Em seu livro *Repouso e Dor*, U. Hilton observou, em 1863, que as úlceras venosas costumavam ocorrer acima do maléolo interno [osso do tornozelo], que as úlceras podem ser cicatrizadas com repouso e que as veias comunicantes insuficientes provavelmente são ulcerogênicas [produtoras de úlceras].

Primórdios da Escleroterapia

No seu livro sobre veias varicosas, H. T. Chapman escreveu que um francês (Monsieur Pravaz) *havia tentado esclerosar as veias varicosas injetando percloreto de ferro [substância corrosiva que ataca metais ferrosos]*.

Bandagens de compressão elástica

Em 1878, H. A. Martin escreveu uma longa carta ao *British Medical Journal* descrevendo o uso das bandagens de borracha indianas para tratar úlcera da perna. Esse autor fez uma descrição pormenorizada do seu método de aplicação e da forma como as bandagens produziam compressão.

Tratado cirúrgico

Em 1931, Turner Warwick publicou um importante trabalho sobre veias varicosas, reunindo dados de outros estudos sobre o assunto, que estimulou o interesse em torno do tratamento cirúrgico da doença venosa. Em seu livro, Warwick descreveu o teste do "sangramento retrógrado", que ainda é usado durante a cirurgia para testar a competência das válvulas das veias comunicantes.

Enciclopédia venosa

Em 1956, Dodd e Cockett publicaram seu livro sobre o tratamento da doença venosa dos membros inferiores. Esse livro tornou-se o texto clássico para o tratamento da doença venosa e estimulou muitos cirurgiões de todo o mundo a ampliar seus interesses nesse campo da cirurgia.

Ramificação contínua

Da década de 60 em diante, houve um aumento extraordinário de publicações e desenvolvimentos relacionados às doenças venosas. O aprimoramento das técnicas cirúrgicas e da secagem e remoção ambulatorial das varizes é contínuo, com a incorporação de novas tecnologias, proporcionando cada vez mais melhores e mais duradouros resultados.

LEITURA TÉCNICA RECOMENDADA:

A. A. RAMELET, M. Monti. *Phlebology: the guide*. 4. ed. Paris: Elsevier, 1999.

BROWSE, Norman L.; BURNAND, Kevin G.; IRVINE, Allan T.; WILSON, Nicholas M. *Doenças Venosas*. 2. ed. Rio de Janeiro: DiLivros, 2001.

Índice

Capítulo 1 – O QUE SÃO VARIZES 5
Sistema circulatório 5
Um sistema que se comunica 6
Afinal, como elas aparecem? 7
Correndo contra o tempo 7
Por que piora na gravidez? 8
Outros fatores de risco 8
O peso da estética 9
É simples, mas pode complicar 10
Por que andar é preciso? 11

Capítulo 2 – TRATANDO AS VARIZES 12
Remoção e redução de vasos 12
Identificando a extensão do dano 13
Os cinco objetivos principais do tratamento 13
Unindo o útil ao agradável 14
Prevenir antes de curar 14
Meia elástica alivia sintomas 14
O suporte dos medicamentos 15
Tratamentos 15

Capítulo 3 – COMO PREVENIR O APARECIMENTO DAS VARIZES 18
Estilo de vida x varizes 18
Pernas em movimento 19
Informações úteis 20

Capítulo 4 – APRENDA A EXERCITAR-SE 22

Capítulo 5 – HISTÓRIA DAS VARIZES NA MEDICINA 27